もっと速くもっと遠く！

走る、泳ぐ

監修　遠山健太
株式会社ウィンゲート代表

きみも体育が
3
すきになる

岩崎書店

\\ もっと速くもっと遠く！ //

走る、泳ぐ
もくじ

－この本の特色－

▶ 動画で解説を見られる

　動画で解説を見られるものには、コードがついています。スマートフォンやタブレットのカメラでこのコードを写してURLを読みこむと、動画を見ることができます。使い方がわからない人は、大人に聞きましょう。　　　　※動画を見るためには通信料がかかります。

▶ 身につく運動能力がわかる

　運動が得意になるために大切な能力を示すマークです。その能力が身につく運動に表示しています。くわしくは1巻の14ページを見てください。

 リズム感
リズム感がある

 バランス能力
バランスがとれる

 切りかえ能力
パッとすばやく動きを切りかえられる

 反応能力
合図に対して正しく反応できる

 スムーズさ
体ぜんぶをスムーズに動かせる

 道具コントロール能力
道具をうまく使える

 きょり計算能力
ものとの距離感をつかめる

走る（はしる）

ぴったりサイズの くつをはいて走ろう

合わないくつをはいていると、くつの中で足が動いてしまい、うまく走れません。足をしっかり固定できる、ぴったりサイズのくつを探しましょう。

やってみよう

正しくくつをはくことができるかな？

すぐくつを買いに行けなくても、きちんとはくことなら、今からでもできます。大切なのは、ていねいにはくこと。ひもをゆるめずに無理やりはいたり、かかとをつぶしてはいたりしてはいけません。

1 ひもやテープを
ゆるめて足を入れる

2 かかとをトントン
して合わせる

速く走るためにも、右へ左へと自由自在に走り回るためにも、足にぴったり合ったくつをはくことが大切です。大きめのサイズのくつだと、ぬげやすいので転んだりする危険があります。また、くつの中で足が前にすべってしまい、指を傷める原因にもなります。大きさだけでなく、足の形に合っていることも大切です。

✕ つま先を
トントンしない

3 そのままひもやテープで
足を固定する

自分にぴったり合う くつの探し方

1 走りやすそうな形の くつを見つける

しっかりと足の甲を押さえられるものを選びます。また、ふつうのスニーカーではくつの底がかたくて走りづらいものもあります。地面をけったときに、くつの前のほう（指のつけ根あたり）がしなやかに曲がるものがいいでしょう。

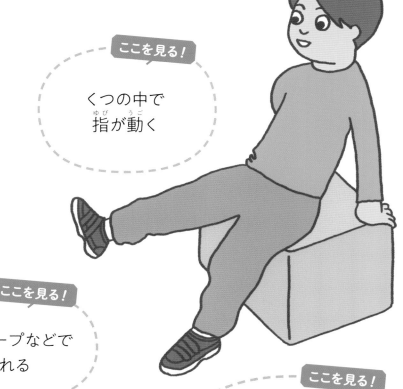

ここを見る！
くつの中で指が動く

ここを見る！
足の甲をテープなどでとめられる

ここを見る！
手の指でくつの足先を押すと少しすきまがある

まめちしき

いちばん長い足の指は 人によってちがう

自分の足の指を見てみましょう。どの指がいちばん長いですか？　いちばん長い足の指は人によってちがい、「親指がいちばん長い」「人さし指がいちばん長い」「親指・人さし指・中指の3本とも長い」の3種類があります。くつを選ぶときに、自分の足の指を見てください。

2 自分の足に 合うサイズを選ぶ

くつを買うときは、必ず試しにはいてみましょう。左ページの、正しいくつのはき方でくつをはきます。つま先が広くて足先に少しすきまがあるか、指が自由に動くかを確認しましょう。

足の指をきたえて地面をがっちりつかむ

ふだんあまり意識しませんが、走るときには足の指でふんばっています。
足の指に力がつくと、走るときにも指でグッと地面を押せます。

足指じゃんけんで遊んでみよう

やってみよう

足の指を使って、じゃんけんをしてみましょう。下の指の形でグーチョキパーをします。手の指ならかんたんですが、足の指でもパッと動かせるでしょうか。

じゃんけん……

グー

パー

足指のグーチョキパー

\ グー /　　\ チョキ /　　\ パー /

グーではすべての足の指をギュッと曲げます。チョキでは親指だけをのばして、ほかの4本は曲げます。パーでは足の指全体を横に広げます。

タオルを足の指で たぐりよせられるかな？

ゆかに置いたタオルの上に足の指をパーにして乗せ、タオルを指でギュッとつかむ動きをくり返します。タオルギャザーといいます。足の指先だけを使うのではなく、指先をかかとによせる感じで、足のうら全体を使いましょう。

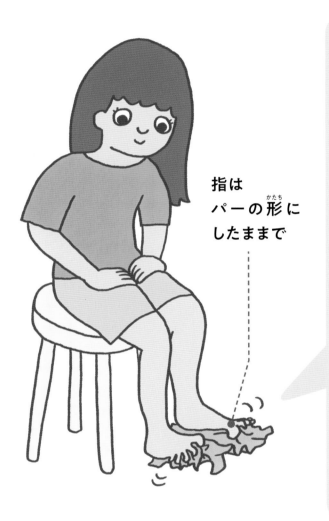

指は
パーの形に
したままで

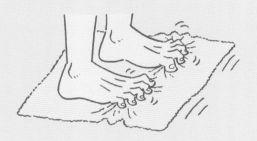

❶ 両足の指をパーにした状態でタオルに乗せ、両足の指でタオルをつかんで、たぐりよせる

❷ 片足の指でタオルをたぐりよせる

❸ タオルを片足の指でつかんで5秒間持ち上げる

　足の指は、あまり重要な仕事をしているようには思えません。短いし、器用に動かすこともできません。しかし、歩くときにも、走るときにも、ジャンプするときにも、足の指はとても重要な役割をはたしています。指で地面をつかむようにすることで、しっかりと地面に力を伝えているのです。足の指がよく動かなかったり、指の力が弱かったりすると、つまずいて転びやすいし、速く走れません。

　足の指をきたえるには、足指じゃんけんやタオルを使ったトレーニングが効果的です。正しく歩くことでもきたえられます。また、はだしで生活する時間を長くすると、しだいに足の指を使えるようになっていきます。

足の力は遊ぶうちに強くなる

速く走るために必要な力は、特別なトレーニングをしなくても、足をたくさん使う遊びをすれば身につけられます。

やってみよう

ケンケンやジャンプをする遊びをやってみよう

　片足でケンケンしたり、両足でジャンプしたりする遊びをすると、自然と足の力がついていきます。いつもの遊びにケンケンやジャンプを使うルールを取り入れても楽しいでしょう。

ケンパ遊び

　片足のケンケンと、両足でパッと着地する動きをくり返す遊びです。バランス能力やリズム感も身につきます。

リズム感

スムーズさ

バランス能力

ケンケンおにごっこ

　走る代わりにケンケンをする、特別なルールのおにごっこです。ケンケンを休める場所をつくると、かけひきも楽しめます。

リズム感

スムーズさ

バランス能力

「歩く」と「走る」がどうちがうか知っていますか。歩くときには、どちらかの足、あるいは両足が、必ず地面に着いています。それに対し、走るときには、両足とも地面をはなれる瞬間があり、地面に着く足も片足だけです。つまり、走るという運動は、片足でのジャンプをくり返しているようなものなのです。速く走るためには、ジャンプ力のある強い足が欠かせませんし、

片足でバランスをとる能力も必要です。

ジャンプするためには、瞬間的に大きな力を発揮しなければなりません。このような力を瞬発力といいます。片足でケンケンする遊びや、両足でジャンプする遊びは、走るときに必要となる瞬発力がきたえられるし、バランス力も身につきます。楽しく遊んでいるうちに、速く走るための力を自然と養うことができるのです。

飛び石遊び

飛び石のように、ジャンプで飛びうつれる遊具を使って遊びます。片足でジャンプしたり、両足でジャンプしたりと、いろいろな遊び方ができます。

バランス能力

家の中なら

けん玉

あまり関係なさそうに思えますが、玉をけんに入れるために両足を曲げて姿勢を低くすることが、足の力をつけるのに役立ちます。

なわとび

なわとびをすると自然と両足でジャンプします。なわとびの練習が、速く走ることにもつながっているなら、一石二鳥ですね。

リズム感
スムーズさ

9

自由自在に走れるようになろう

遊びやスポーツでは、まっすぐ走るだけという場面は意外と少ないもの。
ジグザグに走ったり、カーブをうまく曲がったりする力も大切です。

やってみよう

木の間をジグザグに走りぬけられるかな？

公園や校庭の木の並んでいるところで、それをよけるようにジグザグに走ってみましょう。木をよけられるように、走る速さをうまく調整する力が必要です。

※ぶつかったり枝に引っかかったりしないように気をつけましょう。

木の代わりに三角コーンを使ってもいいよ

木の並んだところがなければ、代わりに三角コーンやマーカーコーン（右の写真）など目印になるものを置いて、自分でジグザグの道をつくることもできます。

陸上競技はもちろん、サッカーでも、野球でも、バスケットボールでも、テニスでも、走ることはとても重要です。

でも、まっすぐ走るだけなのは、陸上競技の100m走くらい。野球のベースランニングでは急に方向転換するし、サッカーやバスケットボールでは、相手選手をかわすためにジグザグに走ったりします。ディフェンスのときには、横向きや後ろ向きで走ることもあります。テニスのように、急にダッシュしたり、急に止まったりするスポーツもあります。

カーブ、ジグザグ、後ろ向きなど、いろいろな走りができるコースをつくって走ってみましょう。何回も走っているうちに、自由自在に走るためのじょうずな体の使い方が身についてきます。

やってみよう

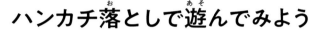

ハンカチ落としで遊んでみよう

ハンカチ落としはレクリエーションとして楽しいし、走る力もつけられます。カーブを走る、ハンカチに気づいてすばやく走り出す、座るためにスピードをゆるめるなど、いろいろな走り方をすることができます。

**もっとできる人は
やってみよう！**

後ろ走りで勝負！

走るというと、前を向いているのがふつうですが、後ろ向きで走ることもできます。いつもかけっこでは勝てない友だちにも、後ろ走りでなら勝てるかもしれません。

後ろ向きで走ると、進む方向が見づらくて転びやすいので、広いしばふの上などで行うといいでしょう。

走る

うでがふれれば
速く長く走れる

走るときには、足だけでなく、うでの力もたくさん使っています。
うでを正しくふると、足の力を最大限に引き出すことができます。

やってみよう

走る力が上がる
うでふりができるかな？

正しいうでふりをすると、足を大きく前にふみ出すことができます。正しいうでふりとは、力まず、たてにまっすぐふれていることです。

レベル 1

「小さく前へならえ」をする

レベル 2

そのままうでを前後に動かす

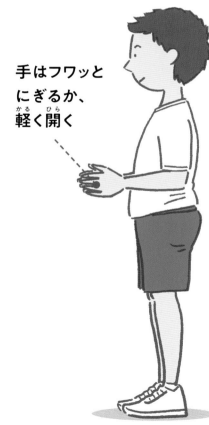

手はフワッと
にぎるか、
軽く開く

わきをしめた状態で
ひじを曲げて、「小さく前
へならえ」の姿勢になり
ます。手はにぎっても開
いてもいいですが、力を
ぬくことが大切です。

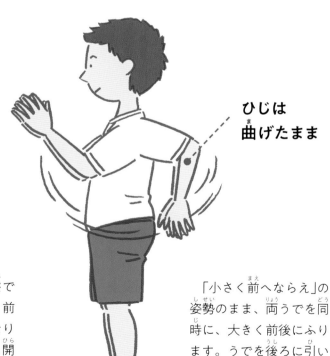

ひじは
曲げたまま

「小さく前へならえ」の
姿勢のまま、両うでを同
時に、大きく前後にふり
ます。うでを後ろに引い
たときに、うでがのびな
いように注意します。

うでをふらずに走ってみると、うまく走れません。足の動きに合わせてタイミングよくうでをふるのは、体のバランスをとるのに役立っているのです。また、足を速く動かすには、うでを速くふる必要があります。スピードを上げるためにも、うでふりが大切なのです。うでがのびていると速くふれないので、ひじは曲げ、横にではなく前後にふります。うでのつけ根から動かすようにすると、じょうずにうでをふれます。考えなくてもできるように、くり返し練習しておきましょう。

動画でも見てみよう！

このコードを読みこむと「うでふり」の動画を見ることができます。

うでふり

レベル **3** 左右交互にうでを動かす

これが正しいうでふり

同時に動かしていた両うでを、前後バラバラに動かします。バラバラに動かしても、ひじを曲げた状態はそのまま続けます。

正面から見ると……

うでをたてにふれている

わきが開いてうでふりが横になっていないか、鏡などで確認するといいでしょう。

13

速いスピードを
体で覚えよう

頭で「速く走ろう」と考えていても、なかなかそうは走れないもの。
まずは、速く走る感覚を自分の体で覚えておきましょう。

? 考えてみよう 速く走るためには、
どちらの走り方がいいかな？

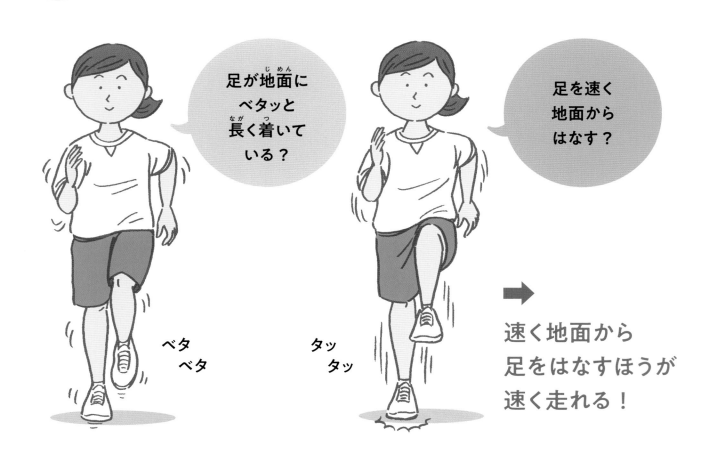

足が地面にベタッと長く着いている？

足を速く地面からはなす？

ベタベタ

タッタッ

➡ 速く地面から足をはなすほうが速く走れる！

走る速さは、歩はばと足の回転速度で決まります。速く走るためには、歩はばを広げ、足の回転を速くするといいのです。うでを大きくふると歩はばがのび、うでを速くふると足の回転

が速くなります。
　さらに、足の回転を速めるには、地面に着いた足をすばやく引き上げることも大切。タッタッタッと、はずむように走ります。

下り坂で走ってみよう

下り坂をかけ下りてみましょう。平らな地面を走るより速いはずです。転ばないように、足を速く回転させましょう。広いしばふの上などでやれば、転んでも安心です。

走るのがもっと速くなるように、いつもの自分より速く走ってみます。決して無理ではありません。下り坂を使えばいいのです。急な坂ではあぶないので、ゆるやかな下り坂を走ります。

今まで自分が経験したことのないスピードが出て、足がいつも以上に速く回転するようになります。その感覚で平らなところを走ってみましょう。

ここがコツ！

少し前のめりになると速く走れる

ここがコツ！

速さに合わせて足をたくさん回転させる

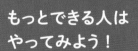

もっとできる人はやってみよう！

新聞紙を胸に当てて走る

下り坂を走るときに、広げた新聞紙を胸に当てて走ってみましょう。体を後ろに反らしていると、新聞紙は飛んでいってしまいます。新聞紙がうまく胸に張りついていれば、いい姿勢で走れています。

※道路では走らないようにしましょう。

15

スタートダッシュで いちばんになろう

「スタートダッシュが肝心」とよくいいます。うまくスタートダッシュが できれば、スピードにのってぐんぐん速く走っていくことができます。

やってみよう

座った姿勢から すばやく立ち上がれるかな？

反応能力

1 座って 合図を待つ

よーい……

パン！

2 手をたたく音が したら、すばやく 立ち上がる

　座った姿勢から、手をたたく合図でパッ と立ち上がります。手をたたく人が、たま に「たたくふり」を入れると、音に反応す る力をさらに養うことができます。

スタートで出おくれると、「もうだめだ……」という気持ちになりがち。逆に、うまくスタートできると、自信をもって走ることができます。スタートダッシュに必要なのは、下半身の強い力と音にすばやく反応する力です。下半身の強化には、走る、ジャンプする、しゃがんだ姿勢から立ち上がる、といった動作が効果的です。遊びながら身につけていくことができます。

必要な力をつけるとともに、スタートダッシュの姿勢を身につけましょう。体を低くして、前足に体重をかけるのが正しい姿勢です。

動画でも見てみよう！

このコードを読みこむと「スタートダッシュ」の動画を見ることができます。

スタートダッシュ

やってみよう

すばやくスタートダッシュできる姿勢をとれるかな？

スタートダッシュは、はじめの姿勢が肝心です。走り出すときに、姿勢がもどってしまわないように、この姿勢のまま走り出します。

1 体を前にたおして合図を待つ

よーい……

かかとを浮かす

こちらの足で地面をけるよ

手と逆の足を前に出す

2 前の足でけってスタートする

どん！

めざせ！徒競走で一等賞

せっかく徒競走に出るなら、少しでも上の順位をめざしたいですね。
練習の成果を出すためにも、コースの走り方を知っておきましょう。

やってみよう

コースの走り方を知って力を出しきろう

徒競走のコースは、まっすぐとはかぎりません。カーブを走ることも多いでしょう。まっすぐなコースとカーブのコースでは、走り方が少しちがいます。また、スタートやゴールのときにも気をつけることがあります。知っておくといいでしょう。

スタートダッシュは
17ページを見て
やってみよう

カーブのコースは体を少し内側にたおして走る

カーブを走るときには、遠心力という外側に引っ張られる力が働きます。この力に負けないように、少しだけ体を内側にたおして走ります。

徒競走では少しでもいい順位になりたいし、できれば一等賞をとりたいものです。でも、そう思っているだけでは願いはかないません。大切なのは、速く走れるように準備をしておくこと。これまでのページで紹介してきたことを、しっかりやっておきましょう。今までの自分より、必ず速く走れるようになります。

徒競走が行われる当日は、自分の実力をすべて出しきるようにします。せっかくがんばって走ったのに、ゴールの少し前でふっと力をぬいてしまう人がよくいます。これは、もったいないです。ゴールラインの5mくらい向こうまで全力で走りぬけると、スピードを落とさずにゴールできます。

徒競走で速く走るためには、緊張しすぎないことも大切です。スタートする前に深呼吸してみるといいでしょう。

ゴール

5 m

ゴールの5m先をめざして走る

ゴールが近づくと安心して力がぬけてしまいますが、油断は禁物。ここで後ろの人にぬかされることもあります。ゴールの5m先をめざして、走りぬけましょう。

直線のコースはまっすぐ前を見て走る

まっすぐ走っているつもりでも、左右にフラフラしていることがあります。まっすぐ走るには、正面を見ることが大切。周囲の様子は気にせず、走る方向をしっかり見ましょう。

練習ではタイムを計ってみよう

なんとなく走っているだけでは、練習していても、なかなかやる気がわきません。ストップウォッチや時計を使って、タイムを計測してみましょう。計測したら、記録をきちんと残しておきます。

自分がどれくらい速くなったのかを知るためには、タイムを計ってもらいます。正確な 50 m や 100m のコースなら理想的ですが、たとえ距離がわからなくても、いつも同じコースで計ればいいのです。1 週間前、2 週間前の自分のタイムと比べてみましょう。

現在のタイムがわかると、自分に合った目標を立てられます。達成できそうな無理のない目標タイムを決めておくと、わくわくしながら練習することができます。

少しでもタイムが縮んでいるとうれしいね

まめちしき

手を冷やして熱中症を予防しよう

暑い時期には、熱中症に注意しましょう。熱中症とは、暑さのせいで体温が上がりすぎてしまい、体調が悪くなる症状をいいます。

熱中症は予防が大切です。水やスポーツドリンクを十分に飲んで、暑い場所には長い時間いないようにします。さらに、暑くなりそうなときには手を冷やすといいでしょう。冷えたペットボトルを手に持ったり、水道の水を手に流したりします。手のひらにある特別な血管が冷やされることで体温が下がり、熱中症予防になります。

やってみよう

リレーのバトンパスが うまくできるかな？

1 スタートダッシュの姿勢で待って 渡す人が近づいたら走り出す

スタートダッシュの
姿勢のまま
後ろを見る

「渡す人がここまで来たら
走り出す」という
目印があるといい

受け取る人

　勢いよく走り出せるように、バトンを待っている間に準備を整えます。タイミングがむずかしいですが、練習では、目印を置くとわかりやすいでしょう。渡す人が目印をこえたら、前を向いて走り出します。

2 走りながらバトンを受け取る

はい

できるだけ
後ろは見ない

受け取る人

　渡す人から「はい」と合図をもらったら、手を後ろに上げてバトンを受け取ります。

渡す人

　ぶつからないように、バトンを渡す少し手前で「はい」と声をかけて、渡す合図をします。近すぎても遠すぎてもバトンは渡しづらいです。

走る

陸上選手はどんな走り方をしている？

もっと速く走れるようになりたいという人は、走るときの姿勢を少し意識してみましょう。たくさん走るうちに、その姿勢が身につきます。

知っておこう

短距離選手の走り方を見てみよう

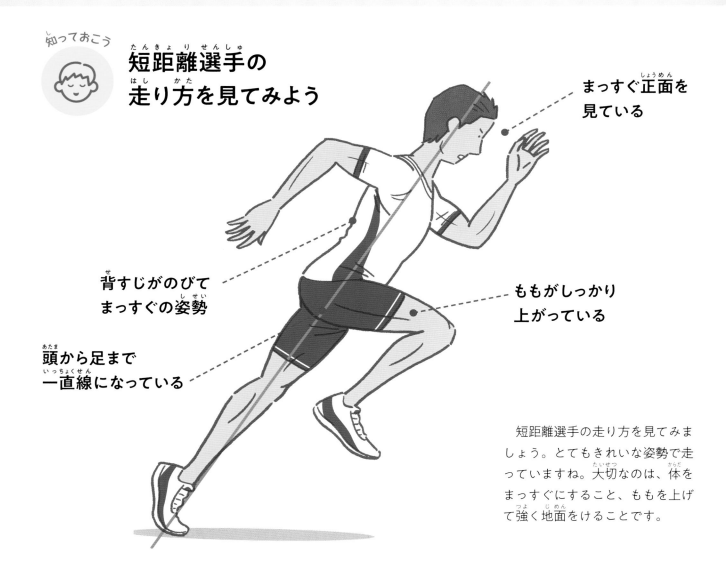

まっすぐ正面を見ている

ももがしっかり上がっている

背すじがのびてまっすぐの姿勢

頭から足まで一直線になっている

短距離選手の走り方を見てみましょう。とてもきれいな姿勢で走っていますね。大切なのは、体をまっすぐにすること、ももを上げて強く地面をけることです。

足で地面をふみつけて後ろにけったとき、地面に落ちたボールがはずむように、人間の体も地面からの反発力ではずみます。速く走るためには、地面に大きな力を加えて、反発力を大き

くする必要があります。さらに、頭から足までを一直線にすることで、地面からの反発力をむだなく全身で受け止め、それでスピードを生み出すのです。

22

正しい走り方をイメージして歩いてみよう

まずは歩きながら姿勢を直していきましょう。意識するのは頭から足まで一直線になること、そして、ももを高く上げて、まっすぐ下ろすことです。

頭から
足まで
一直線

ももを
しっかり上げる

空きカンを
つぶすように
まっすぐ足を下ろす

こんなふうに
なっていないかな？

ねこ背になって
いたり、
ひざが曲がったり
している

まめちしき

長距離を走るときも走りの基本は同じ

　短距離選手と長距離選手は、ぜんぜんちがう走り方をしているように見えますが、地面からの反発力で体を進めているのはどちらも同じ。走りの基本にちがいはありません。短距離走も長距離走も、体をまっすぐにして走ります。ただ、長距離走はスピードがおそいので、体の動きが全体的に小さくなり、歩はばも少し短くなります。

ハードル走は
これでこえられる

足がぶつかって転んだり、ケガをしたりしそうで、
なかなか思いきってハードルをとべない。
そんな人も、段階的に練習すればきっとできるようになります。

レベル1

ハードルの横を走る

はじめからハードルをとぶのではなく、まず、ハードルの横で練習します。実際にハードルをとぶつもりで、ハードル間の歩数を決めます。リズムよくとぶこと、ハードルより手前で思いきってふみきることが大切です。

レベル2

ミニハードルをとぶ

ハードルの横をリズムよくとべるようになったら、高さ 15 cm ほどのミニハードルを置いて、実際にとびこえます。レベル1の歩数やリズムを忘れないように。引っかかっても平気なので、思いきりとべるはずです。

ハードルから
遠いところで
ふみきろう

着地　　に

いち　　さん！

ハードルの
近くで着地

足をのばした
長さくらい

高とびでもやってみよう

　高とびも、バーにぶつかりそうだと思うと、なかなか思いきりとべません。しかしハードルと同じように、バーのない状態から少しずつ段階をふめば、きっととべるようになります。

レベル1
バーをつけずにとぶ

　バーがあるつもりで、勢いをつけてジャンプしてみましょう。目標の高さくらいまでとべたら、レベル2へ。

レベル2
高とびのバーをかえる

　ゴムでできたバーにかえます。引っかかっても痛くありません。できれば、市販のゴムバーがいいでしょう。

レベル3

ハードルの高さまで足を上げられるようになる

　次は大きいハードルの高さまで足を上げられるようになりましょう。ハードルを何台か用意します。ハードルの横に立って、かかとがハードルの上をこえるように、足を大きく上げて横に歩いていきます。

レベル4

ハードルのバーを痛くないものにかえてとぶ

　ぶつかってもハードルはたおれるようになっていますが、足に当たったら痛いもの。バー（横向きの板）をダンボールにかえてしまいましょう。ぶつかっても痛くないので、思いきりとべます。

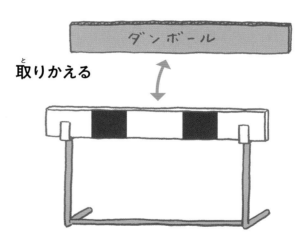

ダンボール

取りかえる

泳ぐ

水の中は
こわくない！

泳げるようになるための第一歩は、水に慣れること。少しでも顔を水につけられるようになれば、プールでもきっとできます。

やってみよう

プールでも
水に顔をつけられるかな？

レベル
1

手のひらにすくった水に
顔をつける

レベル
2

洗面器の水に顔をつける

大人や友だちが手にすくった水に顔をつけます。顔を洗うときより、少し水が多いくらいなので、できるはず。顔をつけているときは、息をぐっとがまんしましょう。

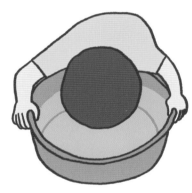

洗面器に水をためて、そこに顔をつけます。顔をつけられたら、鼻からゆっくり息をはいてみましょう。水中で息をはければ、水泳の息つぎもできるようになります。

水に顔をつけるときの息つぎのしかた

水の中で
息を止める
→
鼻から
息をはく
→
水から
顔を出して
口からすう

泳ぐときも、この息つぎの流れは同じです。大切なのは、水中でしっかりと息をはくこと。そのほうが、水から顔を出したときに息をたくさんすえます。

プールで顔を水につけたり、もぐったりするのって、こわいですか？　水に顔をつけると息ができないので、こわいと感じる人がいても無理はありません。しかし、ふだんは陸上で生活し、水中では息ができない人間でも、練習すれば、必ずじょうずに泳げるようになります。少しずつ水に慣れていけばいいのです。

まず、水に顔をつけないで、何秒息を止めていられるか計ってみましょう。5秒でも10秒でも息を止めていられたら、その間は水の中で息ができなくてもだいじょうぶです。最初は手のひらの水に顔をつける練習から始めましょう。

それができても、プールのような広い場所だと、顔をつけるのがこわいこともあります。下に紹介したように、少しずつレベルを上げていくと、無理なくこわさを克服できます。

ここからは
お風呂やプールでやってみよう

 レベル3 輪っかにしたうでの中の水に顔をつける

大人や友だちに水面にうでで輪っかをつくってもらい、その輪の中に顔をつけましょう。顔がつけられたら、輪っかを外してもらいます。これができれば、どこでも顔をつけられます。

 レベル4 頭まで入って鼻と口から息をはく

プールでも顔をつけられるようになれば、頭まで水につかっても平気なはず。思いきって、水にもぐります。鼻だけでなく、口からも息をはきましょう。"う"の口で、少しずつ空気をはきます。

こんなふうになっていないかな？

× "あ"の口になっている

泳ぐ

水の中で
思いきり遊ぼう

水中はうまく走れなかったり、ジャンプしづらかったり、地上とは少しちがいます。ふだんの遊びも、水中ならいつもとひとあじちがいます。

やってみよう
水の中で
いつもの遊びができるかな？

水中で、ペアでできる遊びをやってみましょう。水中に長くいられるように、もぐる前にはたくさん息をすっておきます。

❶ 水中じゃんけん

水にもぐってじゃんけんをします。水中では声がとおりづらいので、水の上で「じゃんけん」とかけ声をかけてから、水にもぐるといいでしょう。

❷ 水中にらめっこ

水中でにらめっこをします。笑って口から息がもれてしまったり、息が続かなくなったりしたら負けです。

水にもぐれるようになったら、水の中でいろいろな遊びをやってみましょう。息はできませんが、いつも地上でやっているのと同じように、楽しく遊ぶことができます。でも、地上と水の中では、ちがうこともたくさんあります。

水にもぐっていると、体がフワーッと浮いてしまいます。いちばんよく浮くのは、息をいっぱいすいこんだとき。ぶくぶくと息をはいていくと、体がしずみやすくなります。また、水中ではうでを動かしたりするのに苦労します。水が抵抗となるので、地上で動かすときのように、すばやく動かすことができないのです。

泳ぐときには、水の中で体を浮かせる力や、うでを動かすときに抵抗となる水の力をうまく利用します。水がなかったら体は浮かないし、うでを回しても体は前に進んでくれません。

やってみよう

水の中で ジャンプできるかな？

深くしずんだ状態からプールの底を思いきりけって、高くジャンプします。この動きはボビングといいます。水中で息をはいて、水の上でパッと息をすう流れは、泳ぐときの息つぎと同じです。これを連続してできれば、息つぎの基本はばっちりです。

パッ

❶ しゃがむ
水の底まで、体を小さくしてしゃがみます。このとき、水中でぶくぶくとゆっくり息をはいておきます。

ぶくぶく

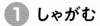

❷ 水の上に勢いよく 顔を出す
プールの底を強くけって、水の上に顔を出します。水の抵抗があるので、強くジャンプすることが大切です。水から顔を出したら、パッと大きく息をすいましょう。

泳ぐ

力をぬけば
水に浮けるよ

水に浮くのは意外とむずかしいものですが、浮き方がわかれば、できるようになります。命を守るためにも必ず身につけておきましょう。

やってみよう

なにかになりきって
水に浮いてみよう

レベル
1　だるま浮き

足をかかえて、だるまのようになって浮きます。背中で浮いている感覚がわかるでしょうか。大事なのは、しっかりと自分のおへそのほうを見ることです。

レベル
2　くらげ浮き

だるま浮きの状態から手と足をプールの底へのばしたら、くらげ浮きになります。手や足をのばしても、背中で浮く感覚は同じです。

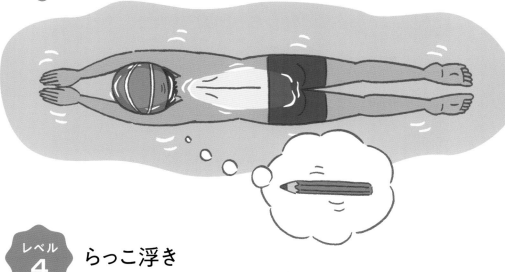

レベル3 えんぴつ浮き

くらげ浮きの状態から、手足を水平にまっすぐのばして、うつぶせのような状態になります。足がしずまないように、体のバランスをうまくとりましょう。

レベル4 らっこ浮き

あおむけに浮く方法です。ビート板や空のペットボトルを使います。浮くためには、つま先側のななめ上を見ること。ビート板とおなかがはなれないように、軽くあごを引くイメージです。万が一水の事故にあっても、これならずっと浮いていられます。

　人間の体は水に浮くのでしょうか。実は、肺の空気を全部はき出してしまうと、体はしずんでしまいます。ところが、肺に空気をすいこんでいると、肺が浮きぶくろの役割をはたしてくれるので、人間は水に浮くことができます。だるまのように浮けるのも、くらげのように浮けるのも、肺に空気が入っているためです。
　えんぴつのように体をのばして浮こうとする

と、うまくいかないことがあります。肺が浮きぶくろの役割をするので、上半身は浮くのですが、体の重さの中心がおへその下くらいにあるので、下半身がしずみやすいのです。どうしたら下半身を浮かせることができるか、いろいろ試してみましょう。前のほうを見ないで真下に顔を向ける、背中を少し丸める、といった方法でうまく浮くことができます。

めざせ！
けのびで 3 メートル

水に浮けるようになったら、次は水中を進む「けのび」をやってみましょう。海の動物になった気分で、スーッと気持ちよく進めるでしょうか。

やってみよう

**体をまっすぐにして
水の中を進めるかな？**

ここがコツ！

手はばんざいの形に

ここがコツ！

**あごを引いて
プールの底を見る**

1 プールのかべをける

　大きく息をすって水にもぐり、足をかべにつけて、思いきりけります。進む方向は見ないで、プールの底を見るようにしましょう。

プールに行けない日は

ふとんの上で体を
まっすぐにする力をつけよう

あおむけの姿勢で、けのびのように手をまっすぐ上にのばし、ひざを曲げます。体がグラグラしないように注意しながら、おしりを上げましょう。体をまっすぐにする力がつきます。

ここがコツ！
手は水面ギリギリに

ここがコツ！
**海の動物になったつもりで
体をまっすぐのばす**

2 手や足をのばして スーッと進んでいく

かべをけったら、手足をまっすぐのばします。体を一直線にすれば、水の抵抗が少なくなるので、遠くまで進めます。スーッと進んだところで、ゆっくり鼻から息をはきましょう。

水の中をうまく進むためには、体をまっすぐにすることがとても大切です。進むほうを見てしまうと、頭が上がり、背中が反って、足がしずんでしまいます。進むほうを見るのをがまんして、真下のプールの底を見るようにしましょう。自然とあごが引けて、まっすぐの姿勢になれます。

めざせ！
バタ足で10メートル

水中で足を交互に動かす動きを「バタ足」といいます。泳ぐときに必要な基本の動きです。これができれば、自分の力でさらに前に進めます。

やってみよう

水に顔をつけたまま
バタ足で進めるかな？

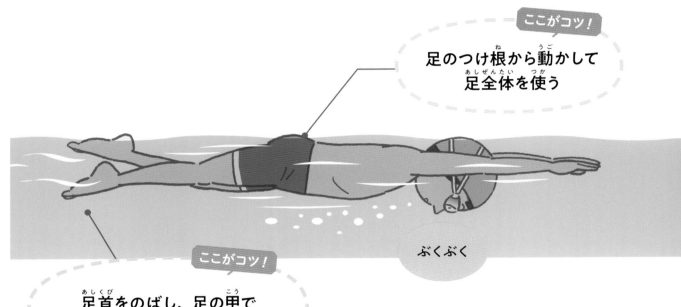

ここがコツ！

足のつけ根から動かして
足全体を使う

ぶくぶく

ここがコツ！

足首をのばし、足の甲で
水を押すようにける

こんなふうに
なっていないかな？

　顔を水につけて、息が続くだけバタ足で泳いでみましょう。バタ足は、足の甲で水を押すことが大切です。できるだけ水しぶきを飛ばさないようにします。いきなり水中で泳ぐのがむずかしい場合は、プールのふちを持ちながらバタ足の練習をしてもいいでしょう。

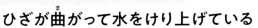

ひざが曲がって水をけり上げている

いよいよ泳ぎの練習です。泳ぐときには、たくさんの動作を同時に行う必要があります。たとえばクロールなら、バタ足をしながら、うでを回して水をかき、息つぎをしなければなりません。これらをみんな一度にやるのはむずかしいので、ひとつずつ練習していきます。まず、バタ足からやってみましょう。

むやみにバタバタと足を動かしても、水しぶきが上がるだけで、体はあまり前に進みません。バタ足で体が前に進むのは、主に足の甲を使って、水を後ろに押し出しているからなのです。うまく体を進めるためには、足首をしっかりとのばし、足の甲で水を押し出すようにしましょう。ひざが曲がっているとうまくいきません。ひざを曲げずに、太ももから足を動かすようにすると、よく進むバタ足になります。

やってみよう

バタ足で進みながら 息つぎができるかな？

パッ

はじめは
ビート板を
使って

ここがコツ！

息をはききったら
顔を少しだけ上げて
口からすう

**もっとできる人は
やってみよう！**

片手だけをのばしてバタ足

ビート板なしでも息つぎができるようになったら、片手だけのばしてバタ足で進んでみましょう。片手だけだと、少しバランスをとるのがむずかしいかもしれませんが、これができればクロールへ一歩前進です。

バタ足で泳ぎながら、息つぎを練習しましょう。水に顔をつけるときの息つぎの基本を思い出してください。顔をつけている間は息をはいて、顔を水から出したらパッと息をすいます。慣れてきたらビート板なしでやってみましょう。

泳ぐ

うで回しができれば もっと前に進める

手で水をかくことで、水の抵抗を使ってぐんぐん前に進んでいけます。
水を手でつかんで、後ろに押すイメージでやってみましょう。

やってみよう

プールの外で うで回しをやってみよう

立った状態から、上半身だけをたおします。この姿勢で、プールで泳いでいるような感じで、クロールのうで回しをします。慣れてきたら、同じことをプールの中でもやってみましょう。

1 両手をのばして 片手を太ももまで回す

ここがコツ！
頭の後ろを さわるイメージで

ここがコツ！
親指で太もも をさわる

ここがコツ！
肩を大きく回す

2 体の後ろへ 肩から大きくうでを回す

やってみよう

泳ぎながら
うで回しができるかな？

レベル 1

片手だけで
うで回し

バタ足をしながら、まずは片手だけでうで回しをします。地上でのうで回しを思い出しながら泳ぎましょう。どちらのうででもできるようにします。

ここがコツ！

**手のひらは
軽く開く**

ぶくぶく

レベル 2

両手で順番に
うで回し

両手で交互にうで回しをします。これで 10 m 泳げれば、うで回しはばっちりです。うで回しに気をとられて、バタ足が止まらないように注意しましょう。

ここがコツ！

**プールの底を
見る**

動画でも見てみよう！

このコードを読みこむと「クロールのうで回し」の動画を見ることができます。

クロールのうで回し

　クロールでは、左右のうでを交互に回して水をかきます。オールで水をかくとボートが進むように、手とうでで水をかいて、体を前に進めるのです。頭の前で手が水に入ったら、なるべく前のほうでしっかりと水をとらえ、手のひらとうでを使って、水を後ろに押すようにします。

　プールの外でうでの回し方を覚えたら、次は水の中で泳ぎながら水をかいてみます。うまく水をつかむことができると、うでを回すのに力が必要です。その感覚を覚えておきましょう。

泳ぐ

めざせ！
クロールで25メートル

うで回しができたら、いよいよ息つぎをするクロールに挑戦です。
息つぎができれば、25メートルを泳ぐのも夢ではありません。

やってみよう

ふとんの上で
息つぎの動きを
やってみよう

うで回しで体が横になると
きに合わせて、息つぎをしま
す。ふとんなどの上で、体を横
にする感覚をつかみましょう。

動画でも
見てみよう！　このコードを読みこむと「クロールの
息つぎ」の動画を見ることができます。

クロールのいきつぎ

1 手をゆかに押しつけるように回す

ぶくぶく

2 体を横に向けながら息つぎ

パッ

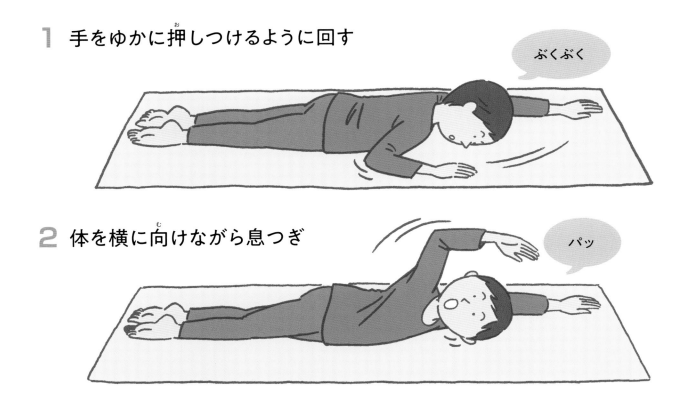

プールで息つぎしながら 泳げるかな？

ふとんの上でやったことを、プールの中で実践してみましょう。大切なのは、水中でしっかりと息をはいて、水から顔を出したときにパッとすうこと。これをしっかりすれば、息は苦しくありません。

ここがコツ！

目線はかいている手を追いかける

パッ

息つぎはリズムよく！（右側で息つぎをする場合）

息を止めて 左うでを回す	→	鼻から息を はきながら 右うでを 回していく	→	右うでが 水から出たら 口からパッと 息をすう

こんなふうに なっていないかな？

息つぎで顔を上げすぎて 足がしずんでしまう

泳いでいるときに呼吸するのはむずかしい、と感じている人が多いようです。うまく息つぎするためのコツは、水から顔を出して息をすう前に、水中でしっかりと息をはいておくこと。こうすると、顔を出したときには息をすうだけでいいので、無理なく深い呼吸ができるのです。あわてなくていいので、水を飲んでしまう失敗も防げます。クロールの息つぎでは顔を横向きにするので、耳に水が入ることがありますが、いずれ出てくるので、心配することはありません。

カエルのキックを
マネしてみよう

泳ぐ

クロールができたら、次は平泳ぎです。どちらも足で水をけりますが、けり方が少しちがいます。平泳ぎでは、足のうらで水をけります。

やってみよう

かべに手をついて
カエルキックができるかな？

プールに入る前に、立ちながら足の動きをやってみましょう。水をしっかりけることができるように、足首をしっかり曲げて直角にすることが大切です。

1 かかとを
おしりに近づける

足首は
直角に

2 ななめ下にキックして
足をそろえる

平泳ぎでは、足はカエルのようなキックを行います。大切なポイントは、足のうらで力強く水をけること。そのためには、足首を直角に曲げて、足のうらを後ろに向けておく必要があります。足首がのびていると、足のうらで水をけることができません。足首を曲げたまま両足をおしりに引きつけたら、足のうらでななめ後ろにけります。けり終わって足がのびたところで、左右の足を閉じます。

やってみよう

カエルキックで
水の中を進めるかな？

動画でも見てみよう！

このコードを読みこむと「平泳ぎの足（カエルキック）」の動画を見ることができます。

ひらおよぎの足（カエルキック）

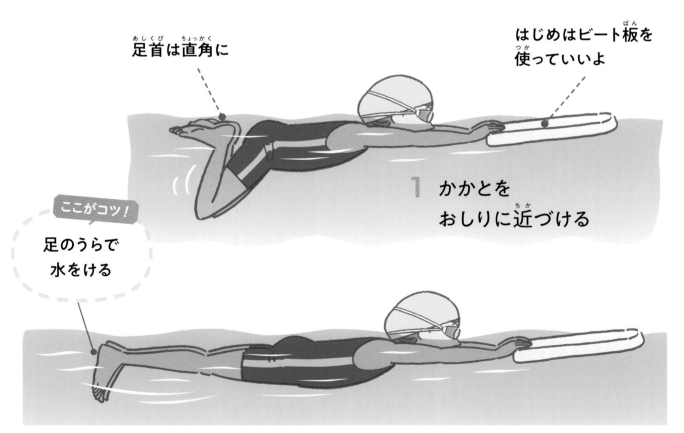

足首は直角に

はじめはビート板を使っていいよ

ここがコツ！

足のうらで水をける

1 かかとをおしりに近づける

2 ななめ下にキックして足をそろえる

カエルキックをプールの中でやってみましょう。足首を直角にするのを忘れないように。足首がのびていると「あおり足」になって、足のうらでうまく水をけることができません。

41

めざせ！平泳ぎで25メートル
ひらおよ

平泳ぎは、うでと足、息つぎをうまく連動させることが大切です。
いき　　　　　　　　れんどう　　　　　　　たいせつ
カエルになったイメージで、急がず、ゆったりと泳ぐといいでしょう。
いそ

やってみよう
プールの外で
そと
平泳ぎのかきを
ひらおよ
やってみよう

平泳ぎのかきは、「体のまわりの水をごっ
からだ
そり集めて、どうぞと渡す」というイメージ
あつ　　　　　　　　わた
です。手のかきの練習から息つぎをいっしょ
れんしゅう　　いき
にしておくといいでしょう。

動画でも
どうが
見てみよう！

このコードを読みこむと「平泳ぎの
よ　　　　　　　　ひらおよ
かき」の動画を見ることができます。

ひらおよぎのかき

1 うでを上に
まっすぐのばす

息を
止める
と

2 ごっそり集める
イメージで
横をかいていく
よこ

ぶくぶく

3 「いただきます」
のポーズになる

パッ

4 「どうぞ」と
渡すイメージで
手を上げていく

1にもどる

やってみよう

手と足を合わせて 平泳ぎができるかな？

1 手をのばして 横にかいていく

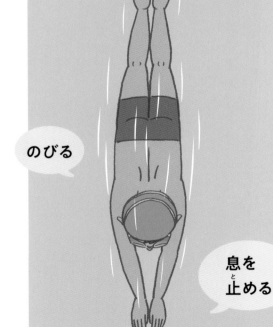

ごっそり集めるように、まわりの水をかいていきます。体の真横ではなく、体の少し前側を通るようにうでを動かします。このとき、鼻からぶくぶくと息をはきます。

2 息つぎの タイミングで 足を引きよせる

手が「いただきます」の形になるときに、パッと息つぎをします。このタイミングで、足をおしりに引きよせてカエルキックの準備をします。

3 手と足を のばして スーッと進む

息つぎをして顔を水につけたら、手と足を同時にのばして、スーッと進みます。ここで急いで次の動きをせず、ゆったりのびることが平泳ぎのポイントです。

コラム　陸上競技や競泳の試合を見てみよう

選手の体だけで「最速」「最長」を競うのが、陸上競技や競泳です。
記録がぬりかえられる歴史的な瞬間を目撃できるかもしれません。

スターティングブロック

これをけることでしっかりスタートダッシュができます。フライング（合図の前に走り出すこと）を感知できるものもあります。

ここに注目！

レース前の選手の動き

試合を見ていると、レースの前に選手が準備運動をする様子を見ることができるでしょう。足を上げる動きや、はずむ動きなどがありますが、そこには速く走るためのヒケツがつまっています。できそうなことがあれば、マネをしてみてください。

陸上競技

いちばんの花形は、やはり100m走。徒競走と同じ、短距離走です。たった10秒ほどで決着がつくので、見逃さないようにスタートから注目を。体力テストの50m走の倍の長さだと考えると、短距離選手の速さがわかるでしょう。

陸上競技の種目

トラック（主に走る種目）

競技場の400mのコースを使う種目。オリンピックでは、100m〜1万mの種目やハードル走、リレーなどを行います。

フィールド（ジャンプや投げる種目）

競技場のコース以外の場所で行う種目。走り高とびなどのジャンプ種目と、やり投げなどの投げる（投てき）種目があります。

ロード（道路で行う種目）

ふだん車が通るような道路で行う種目。マラソンと競歩があります。

44

水泳といっても、競技はひとつだけではなく、飛びこみや水球も水泳にふくまれます。そのうち、泳ぎの速さを競うのが競泳です。タッチの差で勝敗がつくこともあります。

タッチ板

かべにタッチパネルがあり、さわると時計が止まります。またスタート台にもセンサーがついていて、正確に時間を計ることができます。

ここに注目!

競泳選手の "かき" の回数

競泳選手は、1回のかきでとても長い距離を進むことができます。実際に、選手の手のかきの回数を数えてみましょう。プールの大きさが50mということを考えると、とても少なく感じるはずです。

競泳の応援ではうちわを使うよ。あおいで選手に風を送ろう

競泳の種目

個人種目

自由形（主にクロール）、背泳ぎ、平泳ぎ、バタフライの4種類があります。また、ひとりでこのすべてを泳ぐ個人メドレーという種目もあります。

団体種目（リレー）

4人チームで泳ぎます。4人とも自由形で泳ぐフリーリレーと、4人がそれぞれ別の泳ぎ方をするメドレーリレーがあります。

全巻共通さくいん
（ぜんかんきょうつう）

さくいんの見方　③ 40 …… 第3巻の 40 ページ。

● 監修

遠山健太（とおやま・けんた）

株式会社ウィンゲート代表、一般社団法人健康ニッポン代表理事。
1974年アメリカ・ニューヨーク州生まれ。ワシントン州立大学教育学部卒業。東海大学男子バスケットボール部フィジカルコーチ、国立スポーツ科学センタートレーニング指導員（非常勤）、全日本スキー連盟フリースタイルチームフィジカルコーチなどを歴任。子どもの運動教室「ウィンゲートキッズ」「リトルアスリートクラブ」の運営のほか、保護者や小学校の教員向けの特別講演なども行う。著書に『スポーツ子育て論』（アスキー新書）など多数。

● 取材協力　　　P26-43,45 森安一好（株式会社ウィンゲート）

● 動画撮影協力　　山田義基（株式会社ウィンゲート）、森安一好（株式会社ウィンゲート）

● 参考文献

湯浅景元監修『運動が得意になる！　体育のコツ絵事典　かけっこから鉄ぼう・球技まで』（PHP研究所）
遠山健太著『運動できる子、できない子は6歳までに決まる！』（PHP研究所）
西薗一也監修『うんどうの絵本②　すいえい』（あかね書房）
照英著『親子で運動会を勝ちにいく』（岩崎書店）
文部科学省『小学校体育（運動領域）まるわかりハンドブック』
米田功監修『体育のにがてを克服！　小学生の運動　上達のコツ50』（メイツ出版）
平尾剛監修『たのしいうんどう』（朝日新聞出版）
遠山健太著『わが子の運動神経がどんどんよくなる本』（学研プラス）

デザイン	OKAPPA DESIGN	動画撮影・編集	柴泉 寛、殿村忠博
イラスト	たけなみゆうこ、中村知史	編集協力	オフィス201（新保寛子、山田理絵）、柄川昭彦
校正	渡邉郁夫		

きみも体育がすきになる③
もっと速くもっと遠く！　走る、泳ぐ

2020年10月31日　第1刷発行

監修	遠山健太
発行者	岩崎弘明
発行所	株式会社岩崎書店
	〒112-0005　東京都文京区水道1-9-2
印刷所	三美印刷株式会社
製本所	大村製本株式会社
電話	03-3812-9131（営業）　03-3813-5526（編集）
振替	00170-5-96822

NDC780
48p　29cm × 22cm
Published by IWASAKI Publishing Co.,Ltd. Printed in Japan
©2020 Office201
ISBN978-4-265-08823-2

きみも体育がすきになる 全4巻

監修 遠山健太

1 遊びながら身につける **運動の基本、ストレッチ**

2 初めてでもできる！ **ダンス、球技**

3 もっと速くもっと遠く！ **走る、泳ぐ**

4 もうこわくない！ **なわとび、とび箱、てつぼう、マット運動**

岩崎書店